VEGANE SÜẞIGKEITEN

Anna-Lena Klapp

NEUN ZEHN

Basis Rezepte

Riegel

Pralinen

Kekse & Waffeln

Kuchen & Gebäck

Internationale Klassiker

Eis

Vorwort

Der englische Schriftsteller Charles Dickens sagte, dass nichts wertvoller ist als ein guter Freund, außer ein Freund mit Schokolade. Wenn du auf der Suche nach Süßigkeiten bist, die ohne Milch, Eier, Butter oder Gelatine auskommen, könnte dieses Buch dein neuer bester Freund werden. Hier findest du 100% vegane Rezepte, die den Klassikern der Süßwarenabteilung nachempfunden sind.

Immer mehr Menschen entscheiden sich auch bei Süßigkeiten dazu, auf tierische Lebensmittel zu verzichten. Sei es aus ethischen oder aus gesundheitlichen Gründen, wie etwa einer Allergie oder Intoleranz. Pflanzliche Alternativen werden zunehmend beliebter.

In diesem Buch zeige ich dir, wie du mit diesen pflanzlichen Alternativen lieb gewonnene Süßigkeiten einfach selbst zubereiten kannst. Als ich mich vor einigen Jahren dazu entschied, vegan zu leben, fielen plötzlich eine Menge Produkte bekannter Süßwarenhersteller für mich weg. „Selber machen" hieß ab sofort die Devise. Dabei stellte ich schnell fest, wie viel Spaß es macht, Süßigkeiten selbst zuzubereiten und vor allem, wie viel besser die selbst gemachten Leckereien schmecken.

Es entstand eine Sammlung von Rezepten, die das Leben als vegane Naschkatze deutlich erleichtern. Mit ausführlichen Anleitungen und Tipps kannst du nun bekannte Klassiker in der heimischen Küche ganz einfach selbst herstellen, ohne tierische Produkte. Damit kannst du nicht nur dir selbst eine Freude bereiten. Viele der Köstlichkeiten in diesem Buch sind, verpackt in einer Dose oder Pralinentüte, wunderschöne und persönliche Geschenke. Zu Anlässen wie Geburtstag, Weihnachten oder Ostern verschenke ich an meine Freunde und Familie mittlerweile nur noch selbstgemachte Süßigkeiten.

Als Ernährungswissenschaftlerin weiß ich außerdem, wie wichtig der Genussaspekt bei unserer Ernährung ist. Dieser Genuss entsteht beim Zusammenspiel unserer Sinne, die gekoppelt sind an das persönliche Erinnerungsvermögen. Beim Biss in einen Schokoriegel, den wir als Kind besonders gern gegessen haben, kommen in uns die schönsten Erinnerungen zurück. Dieser Genussmoment ist etwas ganz Besonderes. Ein wahrer Genießer liebt es, sich mit Lebensmitteln zu beschäftigen, sie auszuwählen und die Gerichte selbst herzustellen.

Hier sind der Kreativität keine Grenzen gesetzt. Viele Klassiker können variiert und verfeinert werden. Dabei zeige ich vorab, wie du eine vegane Schokoladentafel, Nussmus oder auch veganen Eischnee selbst herstellen kannst, um dann in die Welt der selbst gemachten Süßigkeiten einzutauchen. Hier erwarten dich Pralinen, Kekse, Schokoriegel und Eiscreme, denen du deine ganz persönliche Note verleihen kannst. Dabei wünsche ich dir nun viel Spaß!

Zur Autorin

Anna-Lena Klapp ist Ökotrophologin und Gründerin des erfolgreichen Foodblogs www.veggietale.de. Sie lebt seit 2009 vegan und hat sich ein umfangreiches Wissen über diese Lebensweise und ihre Auswirkungen auf Mensch und Umwelt angeeignet. Anna-Lena veröffentlicht regelmäßig redaktionelle Beiträge für den VEBU (Vegetarierbund Deutschland) und engagiert sich seit Jahren für Menschen- und Tierrechte.

Schon als Kind entdeckte sie ihre Leidenschaft für das Backen und Zubereiten von Süßspeisen. Sie entwickelte eigene Rezepte und teilte sie später auf ihrem Foodblog, um zu zeigen, wie vielfältig die vegane Ernährung sein kann. Derzeit absolviert sie den Masterstudiengang Public Health Nutrition in Fulda und verknüpft damit die Disziplinen der Ernährungs- und Gesundheitswissenschaften im Kontext von Politik und Soziologie.

Vegane Schokolade

Für viele Rezepte in diesem Buch benötigst du vegane Schokolade. Diese gibt es mittlerweile in den meisten Supermärkten oder online zu kaufen. Du kannst sie dir aber auch aus wenigen Zutaten selbst herstellen. Je mehr Kakaopulver du bei dem Rezept verwendest, desto dunkler wird die Schokolade. Wenn du das Kakaopulver weglässt, erhältst du weiße Schokolade.
Für vegane Vollmilchschokolade oder zum Verfeinern deiner weißen Schokolade kannst du veganen Kaffeeweißer als Alternative zu Vollmilchpulver verwenden. Dieser ist in einigen Biomärkten, veganen Supermärkten und Onlineshops erhältlich.

Zutaten für 1 Tafel Schokolade

60 g Kakaobutter
Mark einer Vanilleschote
15 g Kakaopulver
40 g feiner Rohrzucker

Zubehör
Schokoladentafelform

1. Bringe die Kakaobutter in einem Wasserbad zum Schmelzen und gib das Mark der Vanilleschote hinzu.

2. Rühre nun die restlichen Zutaten unter.

3. Gib die Masse in eine Schokoladentafelform und stelle diese in den Kühlschrank, bis die Masse fest ist.

Tipp: Dieses Grundrezept bietet dir tolle Variationsmöglichkeiten. Verfeinere deine Schokolade doch mal mit Nüssen, Cornflakes, Rosinen, Cranberries, Kokoschips, Zimt oder Oreo-Keksen.

Nussmus

Nussmus aus Haselnüssen oder Mandeln wird in vielen Klassikern der Süßwarenabteilung verwendet. Es lässt sich mit einem Hochleistungsmixer ganz einfach selbst herstellen und ist deutlich günstiger als die gekaufte Variante.

Zutaten für ein Glas

250 g Haselnüsse, Mandeln oder andere Nüsse

1. Gib die Nüsse in einen leistungsstarken Mixer und schalte ihn mehrmals für 30 - 40 Sekunden auf die höchste Stufe. Dazwischen sollten immer 30 Sekunden Pause liegen, damit der Mixer nicht überhitzt.

2. Wenn ein cremiges Mus entstanden ist, kannst du die Masse in ein sauberes Glas füllen und im Kühlschrank aufbewahren.

Tipp: Haselnussmus schmeckt besonders gut, wenn du die Haselnüsse vorher röstest. Dafür musst du die Haselnüsse auf ein Backblech geben und bei 180°C Umluft etwa 8-10 Minuten rösten. Die Schale schmeckt nach dem Rösten etwas bitter, daher kannst du die Nüsse in einem Frotteetuch aneinander reiben, sodass die Schale abfällt.

Aquafaba (veganer Eischnee)

Hinter diesem originellen Namen verbirgt sich eine luftige Masse, die auch als veganer Eischnee bezeichnet wird. Die Grundlage bildet das Abtropfwasser von Kichererbsen oder anderen Bohnen. Aquafaba ist daher die ideale Basis für Süßigkeiten, die ohne Ei zubereitet werden sollen.

Zutaten für 260 ml

130 ml Flüssigkeit aus einer Dose Kichererbsen
1 TL Johannisbrotkernmehl
½ TL Weinsteinbackpulver

1. Gib das Wasser aus der Dose Kichererbsen in ein schmales, hohes Gefäß.

2. Siebe nun das Johannisbrotkernmehl über das Wasser und vermenge die Masse mit einem Handrührgerät etwa 1 Minute auf höchster Stufe.

3. Siebe das Weinsteinbackpulver über die Masse und vermenge erneut alles mit einem Handrührgerät auf höchster Stufe. Nach 3 Minuten sollte eine feste Masse entstanden sein, die bereit für die Weiterverarbeitung ist.

Kokos-Schoko-Riegel

Das britische Segelschiff „Bounty" brach im 18. Jahrhundert zu einer Reise in die Südsee auf - das Paradies für Kokosnüsse. Mit den Kokos-Schoko-Riegeln trittst auch du eine (geschmackliche) Reise in tropische Gefilde an.

Zutaten für 12 Stück

40 g Margarine
50 g vegane Kokosnuss-Schlagsahne
30 g Zucker
100 g Kokosraspeln
1 Päckchen Vanillezucker
1 Prise Salz
150 g vegane Vollmilchschokolade

1. Zuerst bringst du die Margarine in einem Topf zum Schmelzen.

2. Gib die Kokosnuss-Schlagsahne, den Zucker, das Salz und den Vanillezucker dazu und koche die Masse auf, bis sich der Zucker aufgelöst hat.

3. Nimm den Topf vom Herd und rühre die Kokosraspeln unter.

4. Kleide eine rechteckige Form mit Frischhaltefolie aus, gib die Kokosmasse in die Form und streiche sie glatt. Die Form kommt nun für etwa 3 Stunden in das Gefrierfach.

5. Jetzt kannst du die Kokosmasse aus der Form lösen und mit einem Messer in kleine Riegel schneiden. Mit den Händen kannst du die Kanten noch etwas rundlich formen und die Masse festdrücken.

6. Bringe die vegane Vollmilchschokolade im Wasserbad zum Schmelzen.

7. Tauche die Riegel mit einer Gabel in die Schokolade und lege die Riegel auf eine mit Backpapier ausgelegte Platte.

8. Stelle die Riegel für weitere 3 Stunden in den Kühlschrank und lass die Schokolade festwerden.

Milchcreme-Riegel

Für diese Leckerei, die du sicherlich noch aus deiner Kindheit kennst, benötigst du eine lange, eckige Form aus Silikon. Die einfachste Variante ist eine Kastenkuchenform aus Silikon zu verwenden, die in den meisten Backwarenabteilungen erhältlich ist. Die abgeteilten Kammern der Riegel werden anschließend mit einer Schokoladentafelform hergestellt.

Zutaten für 6 Riegel

180 g vegane Vollmilchschokolade
100 g weiße vegane Schokolade
1 EL Sojasahne

Zubehör
Kastenkuchenform aus Silikon
Schokoladentafelform

1. Bringe 160 g der veganen Vollmilchschokolade in einem Wasserbad zum Schmelzen.

2. Gieße eine Hälfte der Schokolade in die Silikonform und schwenke die Form hin und her damit sich die Schokolade gleichmäßig auf dem Boden verteilt. Stelle die Form in den Kühlschrank und lass die Schokolade festwerden.

3. Die andere Hälfte der veganen Vollmilchschokolade gießt du in die Schokoladentafelform. Schwenke auch diese Form hin und her, damit sich die Schokolade gleichmäßig verteilt. Auch diese Form stellst du in den Kühlschrank, um die Schokolade festwerden zu lassen.

4. Bringe die weiße vegane Schokolade im Wasserbad zum Schmelzen und rühre die Sojasahne unter. Gieße die weiße Masse gleichmäßig in die Kastenkuchenform und stelle sie direkt wieder in den Kühlschrank zum Festwerden.

5. Bringe die restlichen 20 g der veganen Vollmilchschokolade im Wasserbad zum Schmelzen. Diese Schokolade streichst du mit einem Pinsel auf die weiße Masse und „klebst" damit die Tafelschokolade auf die weiße Masse. Stelle die Form zurück in den Kühlschrank.

6. Wenn alles festgeworden ist, kannst du den Block vorsichtig aus der Silikonform lösen und zu Riegeln schneiden. Je nach Geschmack kannst du noch die Seiten des Riegels mit etwas veganer Vollmilchschokolade bestreichen, damit die Riegel komplett umhüllt sind.

Waffel-Schoko-Riegel

Das Original dieses Schokoriegels wird als der ideale knusprige Pausensnack beworben. Auch die Zubereitung ist entspannt, denn du benötigst nur drei Zutaten. Zum einen vegane Vollmilchschokolade mit etwas Kokosöl und zum anderen eckige Mannerwaffeln. Diese werden bereits seit vielen Jahren komplett ohne tierische Inhaltsstoffe produziert und von Veganern geschätzt und geliebt.

Zutaten für 8 Stück

120 g vegane Vollmilchschokolade
16 Mannerwaffeln
1 TL Kokosöl

1. Bringe zunächst 20 g der Schokolade im Wasserbad zum Schmelzen.

2. Nun nimmst du jeweils zwei Mannerwaffeln und „klebst" sie mit der Schokolade aneinander. Dafür tauchst du ein Ende der Mannerwaffel in die Schokolade und drückst das Ende der zweiten Waffel daran. Verfahre so mit dem Rest und stelle die Waffeln anschließend für 2 Stunden in den Kühlschrank.

3. Jetzt wird die restliche Schokolade im Wasserbad zum Schmelzen gebracht und mit dem Kokosöl verrührt.

4. Hole die Waffeln aus dem Kühlschrank und tauche sie vorsichtig mit einer Gabel in die Schokolade ein, sodass sie von der Schokolade umhüllt werden.

5. Lege die Waffeln auf ein großes Brett, welches mit Backpapier oder Frischhaltefolie ausgelegt ist, so bleiben die Riegel nicht am Brett kleben und lassen sich leicht lösen. Stelle das Brett wieder in den Kühlschrank und lass die Schokolade festwerden. Die Schokoladenränder können anschließend mit einem scharfen Messer weggeschnitten werden.

Cerealien-Riegel

Produkte aus dem Müsliregal können auch zu leckeren Schokoladenriegeln verarbeitet werden. Da viele gepuffte Cerealien mit Honig gesüßt werden, solltest du dich für die ungesüßte Variante entscheiden, um vegane Cerealien-Riegel herstellen zu können. Diese sind in den meisten Biomärkten oder auch online erhältlich.

Zutaten für 5 Stück

180 g vegane Vollmilchschokolade
½ TL Kokosöl
100 g vegane weiße Schokolade
1 TL weißes Mandelmus
15 g ungesüßter, gepuffter Dinkel oder Weizen

Zubehör

Kastenkuchenform aus Silikon
Schokoladentafelform

1. Bringe 160 g der veganen Vollmilchschokolade in einem Wasserbad zum Schmelzen.

2. Gieße eine Hälfte der Schokolade in die Silikonform und schwenke die Form hin und her damit sich die Schokolade gleichmäßig auf dem Boden verteilt. Stelle die Form in den Kühlschrank und lass die Schokolade festwerden.

3. Die andere Hälfte der veganen Vollmilchschokolade gießt du in die Schokoladentafelform. Schwenke auch diese Form hin und her, damit sich die Schokolade gleichmäßig verteilt. Auch diese Form stellst du in den Kühlschrank, um die Schokolade festwerden zu lassen.

4. Bringe die weiße vegane Schokolade im Wasserbad zum Schmelzen und rühre das Mandelmus unter. Hebe die gepufften Cerealien unter und verteile die Masse gleichmäßig auf die Schokolade in der Kastenkuchenform. Stelle die Form direkt in den Kühlschrank zum Festwerden.

5. Bringe die restlichen 20 g der veganen Vollmilchschokolade mit dem Kokosöl im Wasserbad zum Schmelzen. Diese Schokolade streichst du mit einem Pinsel auf die weiße Masse, so „klebst" du die Tafelschokolade auf die weiße Masse. Stelle die Form wieder zurück in den Kühlschrank.

6. Wenn alles festgeworden ist, kannst du den Block vorsichtig aus der Silikonform lösen und zu Riegel schneiden. Je nach Geschmack kannst du noch die Seiten des Riegels mit etwas veganer Vollmilchschokolade bestreichen, damit die Riegel komplett umhüllt sind.

Erdnuss-Schoko-Riegel

Es gibt nichts Besseres als die Kombination von Erdnüssen und Schokolade. Dieser Schokoriegel umhüllt die Erdnüsse noch mit einer Schicht Karamell auf einer weiteren Schicht Nougat. Na, schon Hunger?

Zutaten für 6 Stück

80 g vegane Vollmilchschokolade
80 g weiße vegane Schokolade
70 g Nougat
120 g Zucker
130 ml Sojasahne
30 g Erdnussbutter
60 g geröstete, gesalzene Erdnüsse

Glasur
100 g vegane Vollmilchschokolade

Zubehör
Kastenkuchenform aus Silikon

1. Bringe zunächst die 80 g der veganen Vollmilchschokolade in einem Wasserbad zum Schmelzen.

2. Gieße sie in die Silikonform und schwenke die Form hin und her, damit sich die Schokolade gleichmäßig auf dem Boden verteilt. Stelle die Form in den Kühlschrank und lass die Schokolade festwerden.

3. Bringe die weiße vegane Schokolade mit dem Nougat im Wasserbad zum Schmelzen. Gieße die hellbraune Masse gleichmäßig in die Kastenkuchenform und stelle sie wieder in den Kühlschrank zum Festwerden.

4. Nun bereitest du die Karamell-Erdnuss-Schicht zu. Vermenge dafür in einem Topf den Zucker mit der Sojasahne und erhitze die Masse. Rühre die Masse ständig mit einem Holzlöffel, bis sich der Zucker in der Sahne aufgelöst hat.

5. Wenn die Masse braun wird und der Zucker zu karamellisieren beginnt, gibst du die Erdnussbutter hinzu und lässt alles noch weitere 10 Minuten köcheln. Rühre das Karamell dabei immer wieder um, damit nichts anbrennt.

6. Hebe die Erdnüsse unter das Karamell. Lass die Masse kurz abkühlen und fülle sie dann in die Kastenkuchenform auf die Nougat-Schicht. Stelle die Form wieder in den Kühlschrank.

7. Wenn alles festgeworden ist, kannst du den Block vorsichtig aus der Silikonform lösen und in gleich große Riegel schneiden.

8. Bringe die 100 g vegane Vollmilchschokolade für die Glasur im Wasserbad zum Schmelzen und trage sie mit einem Pinsel auf die Riegel auf. Wenn die Schokolade festgeworden ist, sind die Riegel fertig.

Karamell-Schoko-Riegel

Ein knuspriger Keks mit einer Schicht Karamell umhüllt von Schokolade. Leg dir am besten zwei Riegel nebeneinander. Auch wenn der linke und der rechte Riegel völlig unterschiedlich sind, schmecken sie beide himmlisch.

Zutaten für 15 Stück

Boden
150 g Mehl
25 g Zucker
1 Prise Salz
1 TL Speisestärke
½ TL Backpulver
50 g Margarine
30 ml Sojamilch

Karamell-Schicht
120 g Zucker
130 ml Sojasahne
30 g Margarine

Überzug
150 g vegane Vollmilchschokolade

1. Vermenge zuerst das Mehl mit dem Zucker, dem Salz, der Speisestärke und dem Backpulver für den Keksboden.

2. Bringe die Margarine in einem Topf zum Schmelzen und rühre sie gemeinsam mit der Sojamilch unter das Mehl. Verarbeite die Masse zu einem knetbaren Teig und stelle ihn für etwa 30 Minuten kalt.

3. Rolle den Teig mit einem Nudelholz auf einer bemehlten Arbeitsfläche aus und achte darauf, dass der Teig nicht zu dick ist. Schneide die Teigplatte in lange Rechtecke und lege sie auf ein mit Backpapier ausgelegtes Backblech. Die Kekse werden bei 200°C Ober- und Unterhitze im vorgeheizten Backofen etwa 20 Minuten gebacken. Lass die Kekse anschließend abkühlen.

4. Kleide eine rechteckige Form mit Frischhaltefolie aus und lege die Kekse aneinander hinein. So kannst du die Karamell-Masse einheitlich auf die Kekse verteilen.

5. Für das Karamell vermengst du den Zucker mit der Sojasahne und erhitzt die Masse unter ständigem Rühren. Verwende dafür am besten einen Holzlöffel. Wenn die Masse braun wird und karamellisiert, fügst du die Margarine hinzu. Lasse alles noch etwa 10 Minuten köcheln. Dabei immer wieder umrühren, damit nichts anbrennt.

6. Gieße das Karamell auf die Keksplatten und stelle die Form kalt.

7. Wenn das Karamell festgeworden ist, kannst du die Platte mit einem scharfen Messer wieder vorsichtig in die einzelnen, länglichen Rechtecke teilen.

8. Bringe die vegane Vollmilchschokolade in einem Wasserbad zum Schmelzen und bepinsel damit die Riegel. Wenn die Schokolade festgeworden ist, sind die Riegel fertig.

Karamell-Nougat-Schälchen

Pralinen mit einer knackigen Haselnuss in Karamell, umhüllt von einer Nougatcreme und einem Klecks dunkler Schokolade. Da werden Kindheitserinnerungen wach.

Zutaten für 12 Stück

100 g Zucker
60 ml Sojasahne
10 g Margarine
12 Haselnüsse
60 g Nougat
60 g vegane Vollmilchschokolade
50 g Zartbitterschokolade

Zubehör
Halbkugel-Silikonform z.B. von einer Cakepopform
Dekorierstift

1. Gib den Zucker mit der Sahne in einen Topf und erhitze die Masse unter ständigem Rühren, bis sie braun wird und karamellisiert.

2. Füge die Margarine hinzu, lass das Karamell für etwa 10 Minuten köcheln und rühre es immer wieder um, damit nichts anbrennt.

3. Fülle das noch heiße Karamell in die Cakepopformen. Jede Vertiefung sollte dabei etwa bis zur Hälfte mit Karamell befüllt werden. Anschließend stellst du die Form für 5 Minuten in den Kühlschrank.

4. Hole die Form wieder aus dem Kühlschrank und drücke das Karamell in den Vertiefungen mit dem Finger bis zum Rand hoch an.

5. Pro Karamell-Schale legst du nun eine Haselnuss hinein.

6. Bringe das Nougat und die vegane Vollmilchschokolade in einem Wasserbad zum Schmelzen und befülle anschließend gleichmäßig die Schalen damit. Stelle die Form erneut in den Kühlschrank, bis die Masse fest ist.

7. Zum Schluss kommt noch ein Kreis aus dunkler Schokolade auf die Praline. Bringe dafür die Zartbitterschokolade im Wasserbad zum Schmelzen und gib auf jede Praline mit dem Dekorierstift einen Klecks Schokolade.

Kokoskugeln

Ein sommerlicher Genuss aus Kokosnuss und Mandeln

Zutaten für 15 Stück

200 g weiße vegane Schokolade
140 g vom festen Teil der Kokosnussmilch
40 g weißes Mandelmus
15 ganze Mandeln ohne Schale
40 g Kokosflocken

1. Im ersten Schritt bringst du die weiße vegane Schokolade im Wasserbad zum Schmelzen.

2. Jetzt gibst du die Kokosnussmilch, das Mandelmus und die geschmolzene Schokolade in einen Mixer und verarbeitest alles zu einer cremigen Masse.

3. Stelle die Creme für etwa 6 Stunden in den Kühlschrank.

4. Jetzt kannst du mit einem Teelöffel etwas aus der Creme herausnehmen und mit den Händen eine Kugel formen. Drücke in die Mitte der Kugel eine Mandel. Gib die Kokosflocken in eine Schüssel und wälze die Kugel darin, bis sie vollständig bedeckt ist. Verfahre so mit der restlichen Masse.

Tipp: Die Pralinen sollten in einer luftdichten Dose im Kühlschrank gelagert werden, so bleiben sie länger haltbar und schmecken besonders erfrischend.

Schokoladen-Bonbons

Zutaten für 15 Stück

100 g weiße vegane Schokolade
3 TL weißes Mandelmus
30 g gehackte Haselnüsse
100 g vegane Vollmilchschokolade
1 TL Kokosöl

1. Bringe die weiße vegane Schokolade in einem Wasserbad zum Schmelzen und rühre das weiße Mandelmus sowie die gehackten Haselnüsse unter.

2. Lass die Schokolade abkühlen und festwerden. Jetzt kannst du jeweils einen Teelöffel entnehmen und daraus eine eiförmige Kugel formen. Stelle die Schokoeier in den Kühlschrank.

3. Nun bringst du die vegane Vollmilchschokolade mit dem Kokosöl in einem Wasserbad zum Schmelzen.

4. Hole die weißen Schokoladeneier aus dem Kühlschrank und tauche sie mit einer Gabel in die geschmolzene Vollmilchschokolade ein.

5. Lege die Schokoladeneier auf Backpapier und lass die Schokolade festwerden.

Haselnuss-Nougat-Kugeln

Eine Haselnuss, umhüllt von einer feinen Nuss-Nougatcreme, die in Schokolade mit knusprigem Krokant getaucht wurde. Diese Praline sollte in Gold gehüllt werden.

Zutaten für 14 Stück

50 g Margarine
125 g Nougat
90 g Haselnussmus
2 EL Zucker
14 ganze Haselnüsse
150 g vegane Vollmilchschokolade
60 g Krokant
20 g gehackte Haselnüsse

1. Bringe zuerst die Margarine und das Nougat im Wasserbad zum Schmelzen.

2. Vermenge die geschmolzene Margarine und das Nougat in einem Mixer mit dem Haselnussmus und dem Zucker.

3. Stelle die Masse für etwa 3 Stunden in den Kühlschrank.

4. Nun kannst du mit einem Löffel etwas aus der Nougatcreme entnehmen und Kugeln daraus formen. In jede Kugel drückst du eine Haselnuss hinein.

5. Stelle die Kugeln erneut für etwa 1 Stunde in den Kühlschrank.

6. Währenddessen kannst du die vegane Vollmilchschokolade in einem Wasserbad zum Schmelzen bringen und das Krokant und die gehackten Haselnüsse hinzugeben.

7. Tauche die Nougatkugeln mit einer Gabel in die Schokolade.

8. Lege die Kugeln auf einen mit Backpapier ausgelegten Teller und stelle sie für etwa 3 Stunden in den Kühlschrank.

9. Wenn alles festgeworden ist, kannst du sie servieren.

Tipp: Die Haselnuss-Nougat Kugeln sehen besonders schön in goldenen Pralinenförmchen aus. Diese sind in den meisten Supermärkten und Haushaltswarenabteilungen erhältlich.

Vegane Küsschen

Zutaten für 15 Stück

15 geröstete Haselnüsse
100 g vegane Vollmilchschokolade
1 EL Haselnussmus

Zubehör
Eiswürfelform

1. Gib die Haselnüsse auf ein Backblech und röste sie bei 180°C Umluft etwa 8-10 Minuten.

2. Hole die Nüsse aus dem Backofen und reibe sie in einem Frotteetuch gegeneinander, bis die Schale abfällt. Stelle die Nüsse beiseite.

3. Bringe nun die vegane Vollmilchschokolade in einem Wasserbad zum Schmelzen und verrühre das Haselnussmus in der geschmolzenen Schokolade.

4. Gib die Schokolade in die Eiswürfelform und drücke in jede Form eine Haselnuss hinein.

5. Stell die Form für etwa 3 Stunden in den Kühlschrank, bis die Schokolade festgeworden ist und löse die Pralinen aus der Form.

Schoko-Crisscross

Zutaten für 30 Stück

100 g vegane Vollmilchschokolade
40 g ungesüßte Cornflakes
20 g Mandelblättchen

1. Bringe die vegane Vollmilchschokolade in einem Wasserbad zum Schmelzen.

2. Vermenge die Cornflakes und die Mandelblättchen mit der geschmolzenen Schokolade.

3. Lege nun etwas Backpapier auf ein Brettchen. Entnimm mit einem Löffel etwas aus der Schokoladen-Flakes-Masse und gib sie auf das Backpapier. So bildest du kleine Häufchen, bis die Masse aufgebraucht ist.

4. Stelle das Brettchen in den Kühlschrank, bis alles festgeworden ist.

Tipp: Bereite die Schoko-Crisscross auch mal mit weißer veganer Schokolade anstelle von Vollmilchschokolade und Kokosraspeln anstelle von Mandelblättchen zu.

Muschelpralinen

Eine Besonderheit zum Verschenken und Selber-Naschen: Muschelpralinen mit einer feinen Nuss-Nougat-Füllung, umhüllt von heller und dunkler Schokolade.

Zutaten für 8 Stück

40 g vegane weiße Schokolade
80 g vegane Vollmilchschokolade
40 g Nougat

Zubehör
Muschelpralinenform

1. Bringe in zwei separaten Schälchen die vegane weiße Schokolade und 40 g der Vollmilchschokolade in einem Wasserbad zum Schmelzen.

2. Fülle etwa einen halben Teelöffel der weißen Schokolade in die Vertiefungen der Muschelform, darauf gibst du einen halben Teelöffel der Vollmilchschokolade. Verteile mit einer Gabel die flüssige Masse in der Muscheln so, dass sie sich ganz leicht vermengt, aber noch die unterschiedlichen Schokoladensorten zu erkennen sind. Stelle die Form in den Kühlschrank.

3. Wenn die Schokolade festgeworden ist, bringst du das Nougat in einem Wasserbad zum Schmelzen. Verteile es gleichmäßig auf die Muscheln und stelle die Form erneut in den Kühlschrank.

4. Wenn das Nougat festgeworden ist, bringst du die restlichen 40 g der veganen Vollmilchschokolade im Wasserbad zum Schmelzen und füllst die Muscheln damit auf. Stelle die Form ein letztes Mal in den Kühlschrank.

5. Wenn die Schokolade festgeworden ist, sind die Pralinen fertig und können vorsichtig aus der Form gelöst werden.

Butterkekse

Klassische Butterkekse sind nur echt mit den 52 Zähnen. Diese lassen sich ganz einfach mit einem Butterkeksausstecher selbst herstellen. Keksausstecher mit besonderen Formen findest du im Internet und auch in manchen Backwarenabteilungen.

Zutaten für 25 Stück

350 g Weizenmehl
1 Prise Salz
90 g Puderzucker
100 g Margarine
5 Tropfen Butter-Vanille-Aroma
4 EL Sojacuisine

Zubehör
Keksausstecher in Butterkeksform

1. Vermeng das Mehl mit dem Puderzucker und dem Salz.

2. Bringe die Margarine zum Schmelzen und gib sie mit dem Butter-Vanille-Aroma zum Mehl hinzu. Verarbeite die Masse mit einem Knethaken zu einem glatten Teig.

3. Forme den Teig mit den Händen zu einer Kugel, wickle sie in Frischhaltefolie ein und lege die Teigkugel für etwa ½ Stunde in den Kühlschrank.

4. Verteile etwas Mehl auf der Arbeitsfläche und rolle den Teig mit einem Nudelholz aus. Sollte der Teig noch etwas klebrig sein, kannst du etwas Mehl hinzugeben.

5. Stich nun mit dem Butterkeksausstecher oder einer anderen Plätzchenform die Kekse aus und lege sie auf ein mit Backpapier ausgelegtes Backblech.

6. Streiche mit einem Pinsel auf jeden Keks eine dünne Schicht Sojacuisine.

7. Lass die Kekse bei 180° Grad Umluft 20 Minuten backen und anschließend abkühlen.

Haselnuss-Sandwich

Die veganen Waffelplatten für dieses Rezept bekommst du in den meisten Biomärkten und Reformhäusern. Sie werden auch Knusperbrot genannt und eignen sich ideal für die Herstellung dieser Haselnuss-Sandwiches.

Zutaten für 12 Stück

6 Waffelplatten
100 g vegane Vollmilchschokolade
50 g Nougat
50 g gehackte Haselnüsse

Zubehör
Rechteckige Plastikform

1. Die Waffelplatten aus dem Biomarkt haben in der Regel eine rechteckige Form, deshalb zerteilst du sie mit einem scharfen Messer in der Mitte, um zwei Rechtecke zu erhalten.

2. Lege den Boden einer rechteckigen Plastikform mit einer Hälfte der Waffelplatten so aus, dass sie dicht aneinander liegen und auch zum Rand kein Platz mehr ist.

3. Bringe nun die Schokolade mit dem Nougat in einem Wasserbad zum Schmelzen und rühre die gehackten Haselnüsse unter.

4. Verteile die Schokoladen-Nussmasse auf den Waffelplatten in der Plastikform.

5. Nun kannst du die zweite Hälfte der Waffelplatten auf die Schokoladen-Nussmasse legen und leicht andrücken. Die Form stellst du für etwa 3 Stunden in den Kühlschrank.

6. Wenn alles festgeworden ist, kannst du die Waffel-Schokoladen-Platte vorsichtig aus der Plastikform herausholen und in Sandwiches schneiden.

Tipp: Du kannst die Füllung der Sandwiches auch variieren. Probiere es doch mal mit weißer veganer Schokolade, etwas Mandelmus und gehackten Mandeln.

Knusperstäbchen

Die Knusperstäbchen sind der perfekte Snack für einen Spieleabend mit Freunden. Wie wäre es zum Beispiel mit dem Geschicklichkeitsspiel Mikado? Beim Spiel dürfen andere Stäbchen nicht berührt werden, bei den Knusperstäbchen darfst du hingegen ordentlich zugreifen.

Zutaten für 35 Stück

80 ml Sojamilch
50 g Zucker
½ Packung Trockenhefe
150 g Mehl
1 Prise Salz
½ TL Orangenschale
30 ml Öl
100 g Zartbitterschokolade

1. Erwärme die Sojamilch auf lauwarme Temperatur und rühre 10 g Zucker und die Trockenhefe unter. Lass das Gemisch etwa 10 Minuten stehen.

2. In der Zwischenzeit kannst du das Mehl mit dem restlichen Zucker, dem Salz und der Orangenschale vermengen.

3. Gib nun die Soja-Hefemilch gemeinsam mit dem Öl zum Mehl und verarbeite die Masse mit einem Knethaken zu einem Teig. Knete ihn anschließend nochmals mit der Hand gut durch und forme eine Kugel, die du für etwa 1 Stunde ruhen lässt.

4. Streue etwas Mehl auf die Arbeitsfläche und rolle den Teig mit einem Nudelholz aus. Der Teig sollte nicht zu feucht sein, streue also ruhig noch etwas Mehl über den Teig.

5. Nimm ein scharfes Messer und schneide dünne Streifen aus dem Teig, die du ggf. nochmals halbierst. Die Streifen kannst du mit den Händen noch etwas rund rollen und sie dann auf ein mit Backpapier ausgelegtes Blech legen.

6. Im vorgeheizten Backofen müssen die Knusperstäbchen bei 180°C Umluft etwa 10 Minuten backen.

7. Wenn sie abgekühlt sind, kannst du die Zartbitterschokolade im Wasserbad zum Schmelzen bringen und die Stäbchen entweder in die Schokolade tauchen oder mit einem Pinsel bestreichen. Lege die Stäbchen wieder auf das Backpapier und lass die Schokolade festwerden.

Orangen-Biskuits

Eine fruchtige Orangenfüllung auf softem Biskuit, überzogen von knackiger Zartbitter-schokolade - das schmeckt nach Sommer.

Zutaten für 12 Stück

Boden
75 g Mehl
½ Teelöffel Backpulver
½ Päckchen Vanillezucker
30 Zucker
30 ml Rapsöl
50 ml Sojamilch
20 ml Wasser mit Kohlensäure

Füllung
30 g Agartine
40 ml Wasser
100 g Zucker
50 ml Orangensaft

Glasur
100 g Zartbitterkuvertüre
1 Teelöffel Kokosöl

Zubehör
12er-Muffinform aus Silikon
12er-Mini-Muffinform aus Silikon

1. Im ersten Schritt werden die Biskuitböden zubereitet. Dafür vermengst du alle trockenen Zutaten für den Boden und rührst anschließend das Rapsöl, die Sojamilch und das Wasser unter.

2. Fülle etwa ½ Esslöffel Biskuitteig in jede Form der 12er-Muffinform. Der Teig wird nun bei 180° C Ober- und Unterhitze im vorgeheizten Backofen etwa 15 Minuten gebacken. Lass die Biskuitböden anschließend in der Form gut auskühlen.

3. In der Zeit kannst du die Orangenfüllung zubereiten. Dafür verrührst du in einem Topf das Wasser mit der Agartine und lässt es etwas quellen.

4. In einem weiteren Topf vermischt du den Zucker mit dem Orangensaft und kochst die Flüssigkeit unter ständigem Rühren auf.

5. Koche nun die Agartine unter ständigem Rühren auf.

6. Jetzt rührst du die Agartine unter die Orangensaft-Zucker-Mischung und kochst alles nochmals weitere 10 Minuten auf.

7. Etwa 1 Teelöffel der klebrigen Masse füllst du in jede Mulde der 12er-Mini-Muffinform und stellst sie zum Festwerden in den Kühlschrank. Alternativ kannst du die Masse auch auf einem mit Alufolie ausgelegtem Brett verstreichen und nach dem Festwerden kleine Kreise aus der Geleemasse ausstechen.

8. Bringe in einem Wasserbad die Zartbitterschokolade mit dem Kokosöl zum Schmelzen.

9. Lege die festen Orangenkreise mittig auf die Biskuitböden und überziehe die einzelnen Biskuits mit der Zartbitterschokolade. Lass sie anschließend festwerden und löse die Orangen- Biskuits dann vorsichtig aus der Form.

Schokocreme mit Brot-Sticks

Für alle, die ihre Schokocreme auch unterwegs naschen wollen,eignen sich die selbst gemachten Brot-Sticks für einen cremig-süßen To-Go-Genuss.

Zutaten für 1 Glas Schokocreme

100 g vegane Vollmilchschokolade
100 g Haselnussmus
1 EL Kokosöl

Zutaten für 35 Sticks

80 ml Sojamilch
30 g Zucker
½ Packung Trockenhefe
150 g Mehl
1 Prise Salz
30 ml Öl

1. Bringe die vegane Vollmilchschokolade mit dem Kokosöl in einem Wasserbad zum Schmelzen.

2. Gib das Haselnussmus mit der geschmolzenen Schokolade in einen Mixer und verarbeite alles zu einer gleichmäßigen Masse.

3. Fülle die Schokocreme in ein sauberes Glas und stelle es in den Kühlschrank.

4. Nun werden die Brot-Sticks zubereitet. Erwärme dafür die Sojamilch auf lauwarme Temperatur und rühre 10 g Zucker und die Trockenhefe unter. Lass das Gemisch etwa 10 Minuten stehen.

5. In der Zwischenzeit kannst du das Mehl mit dem restlichen Zucker und dem Salz vermengen.

6. Gib die Soja-Hefemilch gemeinsam mit dem Öl zum Mehl und verarbeite die Masse mit einem Knethaken zu einem Teig. Knete ihn anschließend nochmals mit der Hand und forme eine Kugel, die du für etwa 1 Stunde ruhen lässt.

7. Streue etwas Mehl auf die Arbeitsfläche und rolle den Teig mit einem Nudelholz aus. Der Teig sollte nicht zu feucht sein, streue also ruhig noch etwas Mehl über den Teig.

8. Nimm ein scharfes Messer und schneide dünne Streifen aus dem Teig, die du ggf. nochmals halbierst. Die Streifen kannst du mit den Händen noch etwas rund rollen und sie dann auf ein mit Backpapier ausgelegtes Blech legen.

9. Im vorgeheizten Backofen müssen die Brot-Sticks nun bei 180°C Umluft etwa 10 Minuten backen.

10. Wenn die Brot-Sticks abgekühlt sind, kannst du sie mit der Schokocreme servieren.

Schoko-Puffreis-Quadrate

Für diesen knusprigen Snack benötigst du gepufften Reis. Der ist in vielen Biomärkten im Müsliregal erhältlich oder auch online bestellbar.

Zutaten für 10 Stück

200 g vegane Vollmilchschokolade
30 g gepuffter Reis

Zubehör
Kastenkuchenform aus Silikon

1. Bringe 100 g der veganen Vollmilchschokolade in einem Wasserbad zum Schmelzen.

2. Rühre den gepufften Reis unter die Schokolade und verteile sie gleichmäßig auf dem Boden der Kastenkuchenform. Stelle die Form in den Kühlschrank.

3. Wenn die Masse festgeworden ist, kannst du sie vorsichtig aus der Kastenform herauslösen und in gleichgroße Rechtecke schneiden.

4. Jetzt bringst du die restlichen 100 g der veganen Vollmilchschokolade in einem Wasserbad zum Schmelzen und pinselst die Quadrate damit ein.

5. Stelle die Schoko-Puffreis-Quadrate erneut in den Kühlschrank, bis die Schokolade festgeworden ist.

Tipp: Im Supermarktregal findest du auch gepufften Amaranth oder Quinoa. Damit kannst du die knusprigen Quadrate ganz leicht variieren.

Enjoy!

Schokoladen-Cremeschnitten

Das süße Sandwich für eine kleine Auszeit vom Alltag kann als süßer Snack oder auch als Stück Kuchen zum Nachmittagskaffee genossen werden.

Zutaten für 20 Schnitten

Creme:
150 g festes Kokosfett
400 g Soja Schlagsahne
4 EL Puderzucker
5 TL San-Apart
2 Päckchen Vanillezucker
10 Tropfen Zitronenaroma

Teig:
250g Mehl
50 g Kakaopulver
170 g Zucker
2 Päckchen Vanillezucker
1 EL Speisestärke
1 TL Natron
2 TL Backpulver
1 Prise Salz
100 g Margarine
150 ml Sojadrink
150 ml Mineralwasser mit Kohlensäure

1. Bringe für die Creme das Kokosfett zum Schmelzen.

2. Gib alle Zutaten für die Creme in einen Mixer und verarbeite alles zu einer glatten Masse. Stelle die Creme für etwa 3 Stunden in den Kühlschrank, bis sie fest ist.

3. Für den Teig kannst du nun alle trockenen Zutaten in einer Schüssel miteinander vermengen.

4. Bringe die Margarine zum Schmelzen und gib sie gemeinsam mit dem Sojadrink und dem Mineralwasser zu den trockenen Zutaten. Verarbeite alles zu einem glatten Teig.

5. Gib den Teig auf ein mit Backpapier ausgelegtes Backblech und streiche die Masse glatt.

6. Lass den Biskuitboden bei 200°C Ober- und Unterhitze im vorgeheizten Backofen für etwa 14 Minuten backen.

7. Nach dem Abkühlen kann der Kuchen in Rechtecke geschnitten werden. Je nachdem wie dick oder dünn deine Schnitten sind (das hängt von der Größe deines Backblechs ab), können sie auch nochmals in der Mitte geteilt werden.

8. Streiche eine etwa 1 cm dicke Cremeschicht auf ein Rechteck und drücke ein weiteres Rechteck vorsichtig darauf. So gehst du mit allen weiteren Rechtecken vor.

Tipp: Die Cremeschnitten sollten unbedingt im Kühlschrank gelagert werden, damit die Creme fest bleibt.

Elvis Biskuit-Rollen

„Love me tender, love me sweet. Never let me go. You have made my life complete. And I love you so". Diesen Text muss Elvis verfasst haben, nachdem er diese himmlischen Schoko-Sahne-Biskuit-Rollen vernascht hat.

Zutaten für 8 Stück

Biskuit-Boden
260 g Mehl
200 g Zucker
1 ½ Päckchen Backpulver
2 EL Speisestärke
2 Päckchen Vanillezucker
200 ml Sojamilch
100 ml Mineralwasser mit Kohlensäure
6 EL Rapsöl

Füllung
150 ml aufschlagbare Sojasahne
2 TL San-Apart
40 g Zucker

Glasur
200 g vegane Vollmilchschokolade
1 TL Kokosöl

1. Vermenge zunächst alle Zutaten für den Biskuit-Boden miteinander. Lege ein Backblech mit Backpapier aus und verstreiche darauf gleichmäßig den Teig. Der Biskuit-Boden wird bei 180°C Ober- und Unterhitze im vorgeheizten Backofen, ca. 25 Minuten gebacken.

2. Hebe direkt nach dem Backen, wenn der Teig noch warm ist, die Teigplatte mit dem Backpapier vorsichtig vom Blech und lege es mit dem Backpapier auf ein dünnes Handtuch. Lege eine zweite Lage Backpapier auf den Teig. Du solltest nun eine Lage Backpapier, eine Lage Teig, wieder eine Lage Backpapier und eine Lage Handtuch haben. Jetzt kannst du den Biskuit-Boden vorsichtig einrollen und abkühlen lassen.

3. Schlage in dieser Zeit die Sojasahne mit dem San-Apart und dem Zucker auf.

4. Wenn die Biskuit-Rolle abgekühlt ist, rollst du sie vorsichtig auseinander und teilst sie in 8 gleich große Stücke. Diese bestreichst du mit der Sahne und rollst sie wieder ein.

5. Bringe die vegane Vollmilchschokolade mit dem Kokosöl in einem Wasserbad zum Schmelzen und bestreiche die Biskuit-Rollen damit. Wenn die Schokolade festgeworden ist, kannst du die Elvis Biskuit-Rollen servieren.

Tipp: Wenn du es fruchtig magst, kannst du auf dem Biskuit-Boden, direkt unter die Sahne, noch etwas Erdbeermousse verstreichen.

Say Yes Küchlein

Mit diesem kultigen Kuchenriegel benötigst du nicht viele Worte, um deine Lieben zu überraschen.

Zutaten für 10 Stück

Biskuit-Boden
120 g Mehl
250 ml Sojamilch
Vanille
3 EL Rapsöl
40 g Kakaopulver
50 g Zucker
1 TL Natron
2 TL Backpulver
1 Prise Salz

Füllung
70 g weiche Margarine
70 g Puderzucker
70 g Zartbitterschokolade
Mark einer Vanilleschote

Glasur
150 g Zartbitterschokolade
1 ½ TL Kokosöl
20 g weiße vegane Schokolade

Zubehör
Silikonbackform mit Rechtecken

1. Vermenge zunächst alle Zutaten für den Biskuit-Boden miteinander und fülle den Teig in die Rechtecke der Silikonbackform. Die Biskuit-Küchlein werden bei 200°C Ober- und Unterhitze im vorgeheizten Backofen etwa 10-15 Minuten gebacken.

2. Lass die Biskuit-Küchlein gut abkühlen und bereite in der Zwischenzeit die Creme für die Füllung zu. Bringe dafür die Zartbitterschokolade in einem Wasserbad zum Schmelzen und verrühre sie anschließend mit den restlichen Zutaten in einer Schüssel, die du für etwa ½ Stunde kaltstellst. Die Creme sollte streichfähig sein.

3. Wenn die Biskuit-Küchlein kalt sind, kannst du sie halbieren und auf eine Hälfte die Creme streichen. Die andere Hälfte legst du auf die Creme und drückst sie leicht an. Verfahre so mit den restlichen Küchlein.

4. Jetzt bringst du in einem Wasserbad die Zartbitterschokolade mit 1 Teelöffel Kokosöl für die Glasur zum Schmelzen. Trage die Schokolade mit einem Pinsel auf die Küchlein auf und lass sie festwerden.

5. Für die weiße Verzierung bringst du die weiße vegane Schokolade mit ½ Teelöffel Kokosöl in einem Wasserbad zum Schmelzen und verteilst sie auf den Küchlein. Wenn die Schokolade festgeworden ist, kannst du die Say Yes Küchlein servieren.

Pfefferminztäfelchen

Diese leckere Süßigkeit besteht aus einer Kombination von erfrischender Pfefferminze und dunkler Zartbitterschokolade. In England genießt man sie am liebsten nach Acht.

Zutaten für 20 Stück

150 g Zartbitterschokolade mit 85% Kakao-Anteil
150 g Puderzucker
50 g Traubenzucker
20 ml Wasser
4 Tropfen Pfefferminzöl

1. Zuerst bringst du 100 g der Zartbitterschokolade im Wasserbad zum Schmelzen.

2. Nun wickelst du ein großes Brettchen mit Backpapier ein und gibst die geschmolzene Schokolade darauf. Schwenke das Brettchen hin und her, sodass die Schokolade gleichmäßig verteilt wird und eine dünne Schokoladenplatte dabei entsteht.

3. Stelle das Brettchen mit der Schokolade in den Kühlschrank und bereite die Pfefferminz-Zuckermasse vor.

4. Für die cremige Pfefferminz-Zuckermasse vermengst du in einem Topf, bei schwacher Hitze, den Puderzucker mit Traubenzucker, Wasser und Pfefferminzöl. Die Masse wird nun auf die Schokoladenplatte gegossen. Wenn du das Brettchen wieder hin und her schwenkst, verteilt sich die Zuckermasse gleichmäßig über der Schokolade. Das Brettchen sollte jetzt für einige Stunden in den Kühlschrank.

5. Nachdem alles festgeworden ist, kannst du mit einem scharfen, dünnen Messer die Platte in kleine Rechtecke zerteilen.

6. Jetzt werden die restlichen 50 g der Zartbitterschokolade im Wasserbad zum Schmelzen gebracht. Mit einem Pinsel trägst du die geschmolzene Schokolade dünn auf die Täfelchen auf.

7. Stelle das Brettchen mit den Pfefferminztäfelchen nochmals für etwa 1 Stunde in den Kühlschrank, damit alles fest wird.

Peanut Butter Cups

Diese amerikanische Spezialität hat mittlerweile die Herzen der Deutschen erobert. Der von Schokolade umhüllte Erdnussbutter-Kern bietet das perfekte süß-salzige Geschmackserlebnis und ist im Handumdrehen zubereitet.

Zutaten für 10 Stück

150 g vegane Vollmilchschokolade
10 Teelöffel Erdnussbutter Creamy

Zubehör
10 Cupcakeförmchen

1. Bringe etwa 50 g der Schokolade im Wasserbad zum Schmelzen.

2. Mit einem Teelöffel kannst du die Schokolade in die Cupcakeförmchen geben, sodass der Boden bedeckt ist.

3. Stelle die Förmchen in den Kühlschrank und lass die Schokolade festwerden.

4. Nun gibst du in die Mitte jedes Förmchens 1 Teelöffel Erdnussbutter und streichst sie etwas glatt.

5. Jetzt bringst du die restliche Schokolade zum Schmelzen und verteilst sie gleichmäßig über die Erdnussbutter in den Cupcakeförmchen.

6. Stelle die Förmchen erneut in den Kühlschrank und lass alles festwerden.

7. Löse die Peanut Butter Cups vorsichtig aus den Cupcakeförmchen.

Tipp: Die Peanut Butter Cups schmecken auch mit weißer veganer Schokolade sehr gut und können mit weiteren Nussmussorten, wie Mandelmus oder Cashewmus, anstelle von Erdnussbutter kombiniert werden.

Schoko-Doppelkekse

Bei diesem Kultkeks aus den USA gibt es zwei beliebte Essmethoden. Die einen nehmen den Keks wieder auseinander und schlecken zuerst die weiße Vanillecreme ab, die andern tunken ihn in ein Glas Milch – Pflanzenmilch natürlich.

Zutaten für 25 Stück

Kekse
90 g weiche Margarine
110 g Zucker
60 ml Sojamilch
200 g Mehl
45 g Kakaopulver
1 TL Speisestärke
1 Prise Salz
¼ TL Backpulver

Füllung
1 Vanilleschote
60 g Palmin
1 EL Sojamilch
250 g Puderzucker

Zubehör
Runder Keksausstecher

1. Vermenge zuerst die Margarine mit dem Zucker und der Sojamilch und rühre die Masse schaumig.

2. In einer weiteren Schüssel vermengst du die restlichen Zutaten für die Kekse.

3. Gib nach und nach die Mehlmasse zu der Margarine-Zuckermasse hinzu und verarbeite alles mit einem Knethaken zu einem glatten Teig. Diesen stellst du für etwa 30 Minuten in den Kühlschrank.

4. Verteile etwas Mehl auf der Arbeitsfläche und rolle den Teig mit einem Nudelholz aus. Jetzt kannst du mit dem Keksausstecher die runden Kekse ausstechen und auf ein mit Backpapier ausgelegtes Backblech legen. Die Kekse werden bei 160°C Umluft im vorgeheizten Backofen etwa 10-12 Minuten gebacken.

5. Lass die Kekse gut auskühlen und bereite währenddessen die Vanillecreme zu.

6. Für die Vanillecreme kratzt du zunächst das Vanillemark aus der Vanilleschote und vermischt sie mit allen Zutaten für die Füllung. Verarbeite die Masse zu einem festen, ausrollbaren Teig.

7. Den weißen Teig rollst du ebenfalls mit einem Nudelholz aus und stichst mit dem Keksausstecher etwa 2 cm dicke Kreise aus. Nun legst du jeweils einen weißen Kreis zwischen zwei Schokokekse und drückst sie leicht zusammen.

Tipp: Ersetze die Hälfte vom Palmin durch Erdnussbutter – das schmeckt himmlisch!

Schaumküsse

Ein zuckersüßer Schaum umhüllt von knackiger Schokolade. Vegane Schaumküsse werden auf der Basis von Aquafaba hergestellt, eine rein pflanzliche Eischnee-Alternative.

Zutaten für 6 Stück

Aquafaba (Rezept von Seite 9)
250 g Zucker
2 EL Wasser
6 Backoblaten
100 g Zartbitterschokolade mit 70 % Kakaoanteil

Zubehör

6 Gläser
Frischhaltefolie

1. Gib den Zucker mit dem Wasser in einen Topf und verrühre die Masse etwa 5 Minuten bei mittlerer Hitze. Koche den Sirup nochmals weitere 2 Minuten bei hoher Hitze auf und lass ihn anschließend 3 Minuten abkühlen.

2. Rühre den Sirup nach und nach unter das Aquafaba.

3. Kleide jetzt die Gläser mit der Frischhaltefolie aus. Die Gläser dienen als Form für die Schaumküsse und die Frischhaltefolie sorgt dafür, dass sich die Masse nach dem Gefrieren ganz leicht aus den Gläsern lösen lässt.

4. Verteile den Schaumzucker gleichmäßig in die Gläser und stelle sie über Nacht in den Gefrierschrank.

5. Am nächsten Tag kannst du die Zartbitterschokolade in einem Wasserbad zum Schmelzen bringen.

6. Hole die Gläser aus dem Gefrierschrank und gehe wie folgt vor: Ziehe den festgewordenen Schaumzucker mit der Frischhaltefolie aus dem Glas heraus. Ziehe etwas von der Frischhaltefolie vorsichtig herunter, streiche etwas Schokolade auf eine Backoblate und klebe sie auf den Boden des Schaumzuckers. Jetzt kannst du den Rest der Folie vorsichtig abziehen und den Schaumkuss mit Schokolade überziehen. So verfährst du mit den restlichen Schaumküssen.

7. Stelle die Schaumküsse zurück in den Kühlschrank und lass alles festwerden. Überschüssige Schokolade am Boden kannst du später mit einem scharfen Messer abtrennen.

Wiener Klassik Kugeln

Wolfgang Amadeus Mozart war ein Komponist der Wiener Klassik und er hätte diese Pralinen sicherlich geliebt. Die Kombination aus Pistazien, Marzipan, Schokolade und Nougat sieht nicht nur edel aus, sie ist eine geschmackliche Sinfonie in vier Sätzen.

Zutaten für 10 Stück

200 g Marzipan
25 g Pistazien
60 g Nougat
100 g Zartbitterschokolade
1 TL Kokosöl

1. Gib zuerst 100 g Marzipan mit den Pistazien in einen Mixer und vermenge die beiden Zutaten solange miteinander, bis eine gleichmäßige, grüne Masse entstanden ist.

2. Nun nimmst du mit einem Teelöffel etwas Nougat und formst daraus 10 gleich große Kugeln, die du zum Festwerden in den Kühlschrank stellst.

3. Schneide ein Stück vom grünen und vom weißen Marzipan ab und forme zwei gleich große Kugeln. Drücke diese nun platt und lege beide Marzipanblätter bis zur Hälfte übereinander.

4. Lege eine Nougatkugel in die Mitte, schlage die Marzipanmasse drumherum und forme die Masse zu einer Kugel.

5. Bringe die Zartbitterschokolade mit dem Kokosöl in einem Wasserbad zum Schmelzen und tauche die Marzipankugeln mit einer Gabel in die geschmolzene Schokolade ein.

6. Lege die Kugeln auf einen mit Backpapier ausgelegten Teller und stelle den Teller ein weiteres Mal in den Kühlschrank, damit die Schokolade fest wird.

Tipp: Alle Zutaten sollten gut gekühlt sein, so lässt sich die Masse besser formen.

Italienische Haselnusskugeln

Zutaten für 20 Stück

100 g vegane Vollmilchschokolade
50 g Nougat
1 TL Haselnussmus
100 g vegane weiße Schokolade
1 TL Kokosöl
150 g gehackte Haselnüsse

1. Bringe die vegane Vollmilchschokolade mit dem Nougat und dem Haselnussmus in einem Wasserbad unter Rühren zum Schmelzen, sodass eine glatte Masse entsteht. Stelle die Schüssel für einige Stunden in den Kühlschrank.

2. Aus der festen Masse formst du kleine Kugeln für die Füllung der Pralinen und stellst sie für 2 Stunden ins Gefrierfach.

3. Dann erwärmst du die weiße vegane Schokolade im Wasserbad. Tauche die gefrorenen Kügelchen mit zwei Gabeln vorsichtig ein, wälze sie in den gehackten Haselnüssen und lege sie auf ein mit Backpapier ausgelegtes Brett. Stelle sie zum Festwerden in den Kühlschrank.

Fruchtgummibären

Zutaten für 15 – 20 Stück

60 g Agartine
100 ml Wasser
200 g Zucker
150 g Fruchtgelee z.B. Erdbeere
1 TL Zitronensaftkonzentrat

Zubehör
Tierformen aus Silikon

1. Im ersten Schritt verrührst du in einem Topf das Wasser mit der Agartine und lässt es etwas quellen.

2. In einem weiteren Topf vermischst du das Fruchtgelee mit Agartine, dem Zucker und dem Zitronensaftkonzentrat und kochst es unter ständigem Rühren auf.

3. Koche nun die Agartine unter ständigem Rühren auf.

4. Jetzt rührst du die Agartine unter die Fruchtgelee-Masse und kochst alles nochmals weitere 10 Minuten auf.

5. Die flüssige Masse wird in eine Silikonform gegossen und kalt gestellt.

6. Wenn alles festgeworden ist, kannst du die Gummitiere aus der Silikonform lösen und genießen.

Cookie Dough Eiscreme

Zutaten für ca. 500 ml Eiscreme

Eiscreme
100 g blanchierte Mandeln
1 Esslöffel Kokosöl
90 g Agavendicksaft
200 ml Sojasahne
Mark einer Vanilleschote

Cookie Dough
30 g Margarine
60 g Mehl
40 g Zucker
1 Päckchen Vanillezucker
1 Prise Salz
4 EL Chocolate Chunks

1. Zunächst gibst du alle Zutaten für die Eiscreme in einen leistungsstarken Mixer und verarbeitest alles auf höchster Stufe etwa 40 Sekunden lang zu einer cremigen Masse. Diese füllst du in eine Schüssel und stellst sie in den Kühlschrank.

2. Bringe die Margarine für den Cookie Dough zum Schmelzen.

3. Die geschmolzene Margarine vermengst du mit einem Knethaken mit dem Mehl, dem Zucker, dem Vanillezucker und dem Salz. Mische nun noch die Chocolate Chunks unter.

4. Hebe den Cookie Dough unter die Eiscreme und stelle sie in den Gefrierschrank, bis eine feste Eiscreme entstanden ist.

Tipp: Lass die Eiscreme vor dem Servieren etwas antauen, dann ist sie cremiger.

Vanilleeis am Stiel

Zutaten für 6 Portionen

Eiscreme
100 g blanchierte Mandeln
1 EL Kokosöl
90 g Agavendicksaft
200 ml Sojasahne
Mark einer Vanilleschote

Glasur
100 g Zartbitterschokolade
1 Teelöffel Kokosöl

Zubehör
Stieleisformen aus Silikon
Holzstäbchen

1. Gib alle Zutaten für die Eiscreme in einen leistungsstarken Mixer und verarbeite sie auf höchster Stufe etwa 40 Sekunden lang zu einer cremigen Masse.

2. Fülle die Masse in die Stieleisformen und platziere die Holzstäbchen. Stelle die Formen für etwa 6 Stunden ins Gefrierfach.

3. Bringe nun die Zartbitterschokolade mit dem Kokosöl in einem Wasserbad zum Schmelzen.

4. Löse das Vanilleeis am Stiel aus den Formen und überziehe da Eis mit der Schokolade. Die Schokolade wird relativ schnell fest. Jetzt kannst du das Eis entweder direkt essen oder zurück in den Gefrierschrank legen.

Tipp: Wenn die Schokolade noch etwas weich ist, kannst du das Eis am Stiel noch in Mandelsplittern oder Krokant wälzen.

Register

Impressum

Kreuzstraße 21, 13187 Berlin-Germany
www.neunzehn-verlag.de
1. Auflage 2016
ISBN 978-3-942491-87-7
Printed 2016 in China
Rezepte: Anna-Lena Klapp
Fotografie: all images © Anna-Lena Klapp
www.veggietale.de
Satz: Clara Gilod
www.claragilod.com
Illustrationen: Julia Beutling
www.juliabeutling.de